M D E C E P G Õ E S A S E T A T I T U D E
U G T R A N S T O R N O N A M D O L O
E A N I A M U T E A E S F O R G O N U S T
C A E O S V O L O R A T E M H I L L
M U S C O N F U S Ã O N O N E T T A L E
O N S E V E R S P E D M E N T I R A S
H F M A R I S D E S I S T I R A D E A T R E
F O M O S W S D V O L U P T A T U R S U V A
S F A D A D E M S I M D E P R E S S Ã O
P H A M O R Q U A M V O C O R A G Ã O L
N O E H A O E R I A S A C I T V E L I N A
T I L V O L L A N T U R I D O L
E P U D I T B U R R O U T R E L A G
S T I V A S I P I C I E N I M O S P A R A N O
E D I N H E I R O N U L P A R U P T
A F O R G A O L U P   O L U P I S
D I A S U N T H   N C I M E
N I H I L I T I   S A N D
S O L U P T U R I N C E R T E Z A S P A Z S
S E N E C E P U D A N T I H I L E T V
A C E P E A U T V O L E N E M I D E S E
I V E A G I N S E D E M O C I O N A L M O L E
E L E S T R U M T U D O P A S S A I S M A G N I
T A S S O N H O S P O R E Q U I V O L E S T

```
S O A S I N C R Í V E I S U T E S P E R A N
S E N T B I T E U N T O E U M E T E S U
A D A E S S I N I S I N T F E L I Z E T P M E D
C F D E M F U G I T E I D E L L U P T A S P E R
F G R E L A C I O N A M E N T O S T I B C I T
Y A U T D O L O R E S T I I S S E N T I M E N
K E S T P O S I T I V I D A D E A P E R O R
C O R E P E R U M A S P E L I U S T R I S T E
V H E Q U I D C R U S H O L O R E M Q U
F H L N D A G Õ E S D E B I T A T U R S O L
B C A M O R P R Ó P R I O T A Q U E D O
P T A T U S M O L U M A M I Z A D E A S D K
B U U N T N O N E M Q U I N C O M P L E T O I
C O N F I A N Ç A A M V O L E S T I A S P E R
R U N D U N T O C C U S P A O B S E S S
B N O N S E N I S T S O L I D Ã O I D U N T A M
À P R I M E I R A V I S T A U L P A R U M E
P S U N D A N T T E C E S T V O L O R A L I B
H R E P R O B L E M A S M V O L U T E S T E N
D E X P E C T A T I V A S D O L O R E M S O R
U S Q U A M N E C T I A V O L L U P T A S S U N
G C H A P E L D E T R O U X A E X E R I B
B G F A N S I E D A D E V O L U P T A T I A
A D O L U P T I O N E M E S S F R A I V A P L A
```

SEMPRE FAÇO TUDO ERRADO QUANDO ESTOU FELIZ

TIRINHAS SENTIMENTAIS PARA TODO TIPO DE BAD

RAQUEL SEGAL
—CRIADORA DO AQUELE EITA—

SEMPRE FAÇO TUDO ERRADO QUANDO ESTOU FELIZ

TIRINHAS SENTIMENTAIS PARA TODO TIPO DE BAD

OUTROS POSSÍVEIS TÍTULOS PARA ESTE LIVRO:

☐ O QUE PENSAMOS QUANDO TODOS VÃO EMBORA

☐ PENSAMENTOS QUE NINGUÉM NUNCA FALOU EM VOZ ALTA

☐ QUANDO O CORAÇÃO FALA (EITA)

☐ SENTIMENTOS ARQUIVADOS

☐ OUTRO _____

Copyright © Raquel Segal, 2018
Copyright © Editora Planeta do Brasil, 2018

Preparação: Meggie Monaur
Revisão: Giovana Bomentre e Sil Gomes
Capa: Departamento de criação da Editora Planeta
Diagramação: Marcela Badolatto
Ilustrações: Raquel Segal

CIP-BRASIL. CATALOGAÇÃO NA PUBLICAÇÃO
SINDICATO NACIONAL DOS EDITORES DE LIVROS, RJ

S456s

    Segal, Raquel

        Sempre faço tudo errado quando estou feliz / Raquel Segal. - 1. ed. - São Paulo: Planeta, 2018.

        il. ; 21 cm.

        ISBN 978-85-422-1230-3

        1. Teoria do autoconhecimento. 2. Autorrealização (Psicologia). 3. Motivação (Psicologia). I. Título.

17-46530   CDD: 158.1
                                                                 CDU: 159.947

2018
Todos os direitos desta edição reservados à
EDITORA PLANETA DO BRASIL LTDA.
Rua Padre João Manuel, 100 — 21º andar
Ed. Horsa II — Cerqueira César
01411-000 — São Paulo-SP
www.planetadelivros.com.br
atendimento@editoraplaneta.com.br

Para todas as pessoas que incansavelmente compartilharam tirinhas da página Aquele Eita *e apoiaram meu trabalho desde o início. Sem vocês, nada disso seria possível.*

PREFÁCIO

"Raquel adotou o amarelo e salvou ele do esquecimento. Alguns designers e especialistas de redes sociais diziam que o 'amarelo é demais'; cansa a vista; dificulta a leitura. Raquel poetizou em cima do amarelo com desenhos simples e sensíveis, e para nós resta apenas uma reação: 'eita'. Cada tirinha traz uma carga emocional (às vezes uma sequência de disparos que me faz pensar na minha ex, ou na minha vida em – ou há – dez anos). Simples, rápidas, objetivas e bem eficazes. Uma pílula de sentimentos que pesa na alma o suficiente pra te fazer refletir. Algumas delas te lembram que alguns dias são apenas dias, e nem todo mau do mundo é mau. Me encantei pela cor amarela dos sentimentos de uma garota que desenha com o coração nos dedos. Os dedos agora em livro. O livro que merece a cabeceira da cama de quem sonha (e dos que esqueceram como sonhar). Fruto da internet, prova que o sentimento e a literatura não se prendem a formatos."

João Doederlein (@akapoeta),
autor do *O livro dos ressignificados*.

INTRODUÇÃO

Acho que todo mundo que se dispõe a ler a introdução de um livro escrita pelo próprio autor espera algo bem estruturado e intenso, mas a verdade é que estou meio perdida. Para início de conversa, nunca imaginei que teria de escrever a introdução de um livro, muito menos de um livro inteiramente meu, então, fazer isso aqui já está sendo um grande desafio. Apesar disso, se eu precisasse definir este livro em uma só palavra, acho que seria "sonho".

É uma loucura enorme pensar em como minha página *Aquele Eita* cresceu tanto da noite para o dia e como todas aquelas tirinhas vieram a se tornar esta obra. É uma grande felicidade saber que tanta gente apoiou meu trabalho e continua apoiando, e que este livro é fruto de todos os compartilhamentos, curtidas e comentários que recebi.

Sempre faço tudo errado quando estou feliz é uma coletânea de tirinhas, desenhos e textos criados por mim que abrangem todo o âmbito emocional das pessoas, não necessariamente inspirados em casos reais. Caso você se identifique, saiba que não vigiei a vida de ninguém, é pura coincidência...

Bom, acho que termino esta introdução por aqui. Desejo que você tenha uma ótima leitura e espero do fundo do meu coração que este livro se torne tão importante para você quanto está sendo para mim.

SABE AQUELE EITA?

ENTÃO...

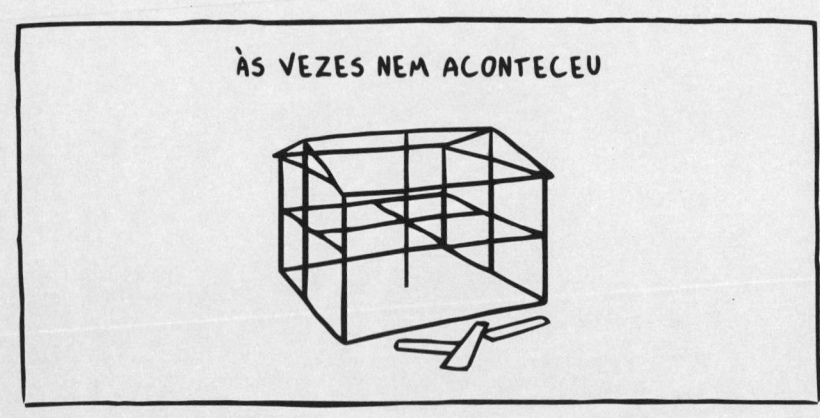

QUANDO RECLAMO DE ALGUMA ATITUDE MINHA JÁ CHEGAM COM O DISCURSO DE QUE SÓ DEPENDE DE MIM PARA MUDAR. COMO SE FOSSE FÁCIL ME TRANSFORMAR EM OUTRA PESSOA DA NOITE PARA O DIA.

DEPOIS DE TANTA FRUSTRAÇÃO, TANTA TRISTEZA, VOCÊ CONSTRUIU UMA MURALHA EM VOLTA DE SI, PENSANDO QUE ASSIM NÃO SOFRERIA MAIS DECEPÇÕES. O GRANDE PROBLEMA DISSO É QUE VOCÊ NÃO PERCEBEU QUANTAS PESSOAS INCRÍVEIS DEIXOU DO OUTRO LADO DO MURO.

| FAÇA | OU DESISTA |

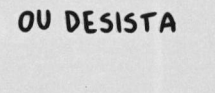

NÃO SE ATRASE COM UM "VOU TENTAR"

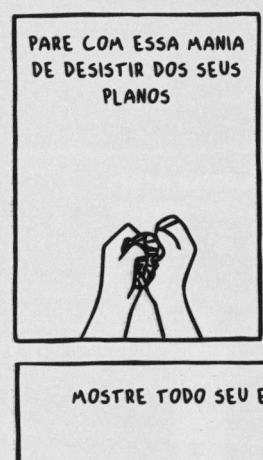

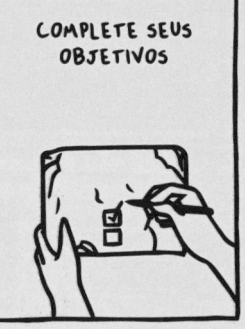

NÃO LIMITE
SEUS SONHOS

TODAS AS PESSOAS TÊM TALENTOS. NEM SEMPRE SÃO OS CLÁSSICOS COMO TOCAR VIOLÃO OU DESENHAR, EXISTEM DIVERSOS OUTROS TIPOS DE TALENTOS INCRÍVEIS. NÃO É PORQUE O SEU AINDA NÃO SE REVELOU QUE ELE NÃO EXISTE. SÓ DEPENDE DE VOCÊ DESCOBRIR O SEU MELHOR.

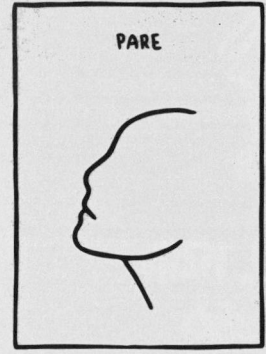

ASSIM COMO NO POKER, EU DECIDI APOSTAR TODAS AS MINHAS FICHAS NA GENTE...

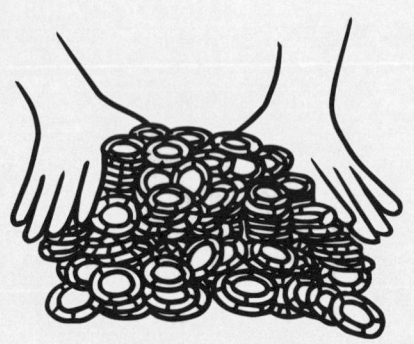

MESMO SEM SABER SE IRIA DAR CERTO OU NÃO

| FOI A INCERTEZA QUE ME FEZ PERDER | GRANDES OPORTUNIDADES |

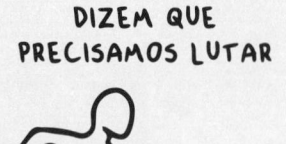

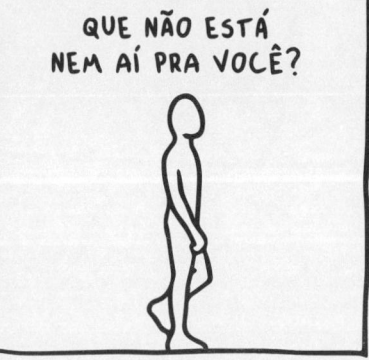

NADA JUSTIFICA A FALTA DE HUMILDADE DE UMA PESSOA. PODE SER QUALQUER UMA. ALGUÉM MUITO INTELIGENTE, INCRIVELMENTE TALENTOSO OU ATÉ UM FAMOSO DA INTERNET. SE VOCÊ GANHOU RECONHECIMENTO É PORQUE CORREU ATRÁS E FEZ POR MERECER, MAS NÃO ADIANTA NADA SER ORGULHOSO E CONVENCIDO, ACHANDO QUE O MUNDO PRECISA BEIJAR SEUS PÉS. LEMBRE-SE: TUDO QUE VAI, VOLTA, E VOCÊ NUNCA SABE O QUE PODE ACONTECER NO FUTURO.

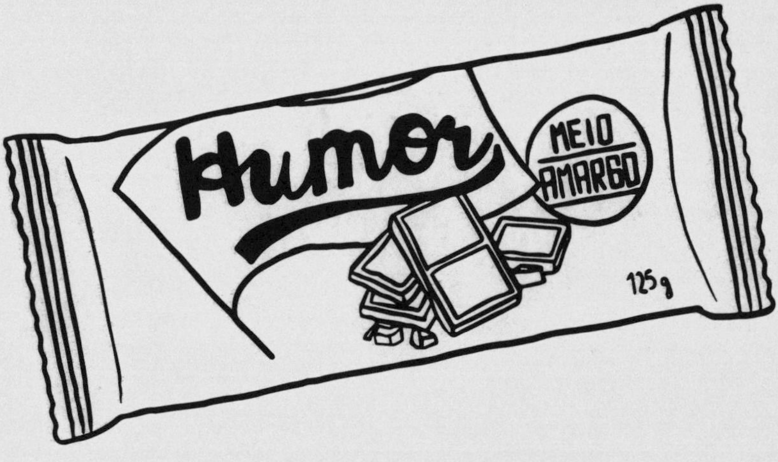
Humor
MEIO
AMARGO
125g

EM ALGUMAS SITUAÇÕES É PRECISO SER RACIONAL E NÃO EMOCIONAL. QUANDO FAZEMOS ISSO, ÀS VEZES NOTAMOS DETALHES QUE ANTES ERAM INVISÍVEIS AOS NOSSOS OLHOS APAIXONADOS.

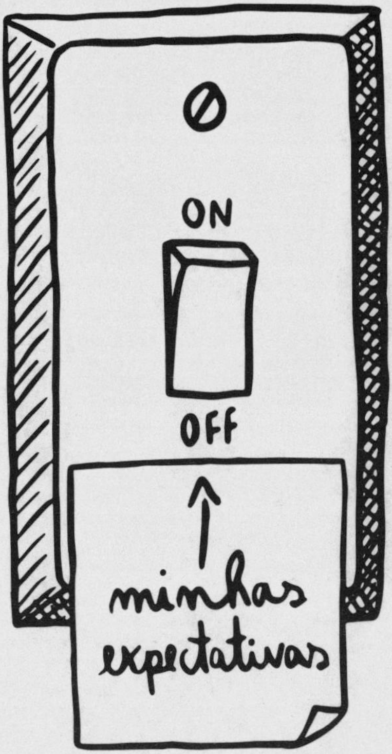
ON
OFF
minhas
expectativas

VOCÊ PODE NÃO SE LEMBRAR DE COMO COMEÇOU, MAS SUA MEMÓRIA SEMPRE TE LEMBRARÁ DE COMO ACABOU. A LEMBRANÇA TRISTE DO FIM NUNCA VAI EMBORA, E ALGUMAS PESSOAS SE PRENDEM A ISSO COMO SE ESQUECER FOSSE UM ERRO ENORME. MAS NÃO É. EM ALGUMAS SITUAÇÕES ESQUECER É O MELHOR CAMINHO PARA SEGUIR EM FRENTE E COMEÇAR A ESCREVER NOVAS HISTÓRIAS.

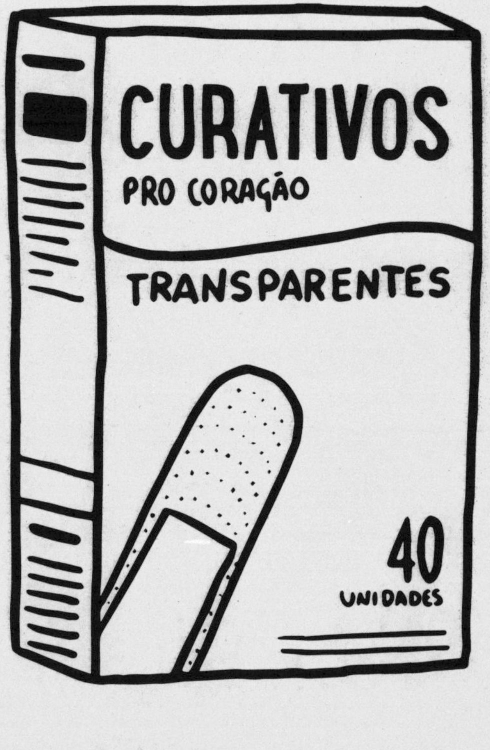
CURATIVOS
PRO CORAÇÃO
TRANSPARENTES
40
UNIDADES

Eu queria que você entendesse que, mesmo longe, eu ainda iria te amar, que você acreditasse que nenhuma distância iria nos separar. Eu queria que você entendesse que meu amor superaria todas as barreiras construídas pela distância. Mas você não me ouviu. Foi embora dizendo que precisava de mim por perto para conseguir me amar. E foi aí que eu percebi que o que você sentia por mim já não era mais amor, era desejo.

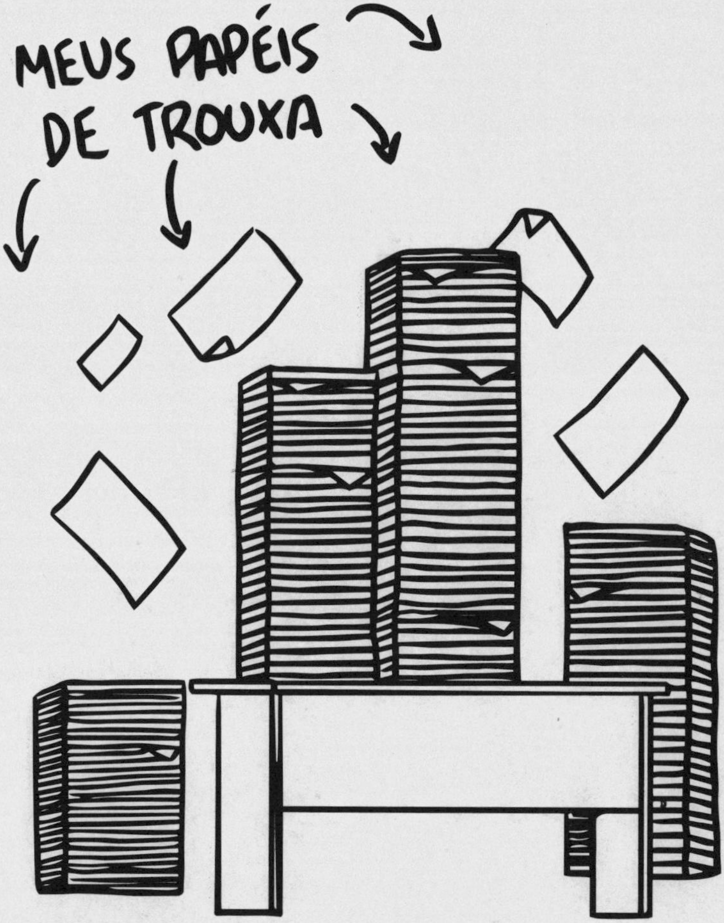
MEUS PAPÉIS
DE TROUXA

A DIFERENÇA ENTRE AMOR E OBSESSÃO É QUE UM FAZ VOCÊ ENTENDER E ACEITAR OS MOTIVOS QUE FIZERAM A PESSOA PARTIR, ENQUANTO A OUTRA DEIXA VOCÊ LOUCO E COM RAIVA, SEM QUERER DEIXAR QUE ELA VÁ EMBORA.

PESSOAS CONTROLADORAS

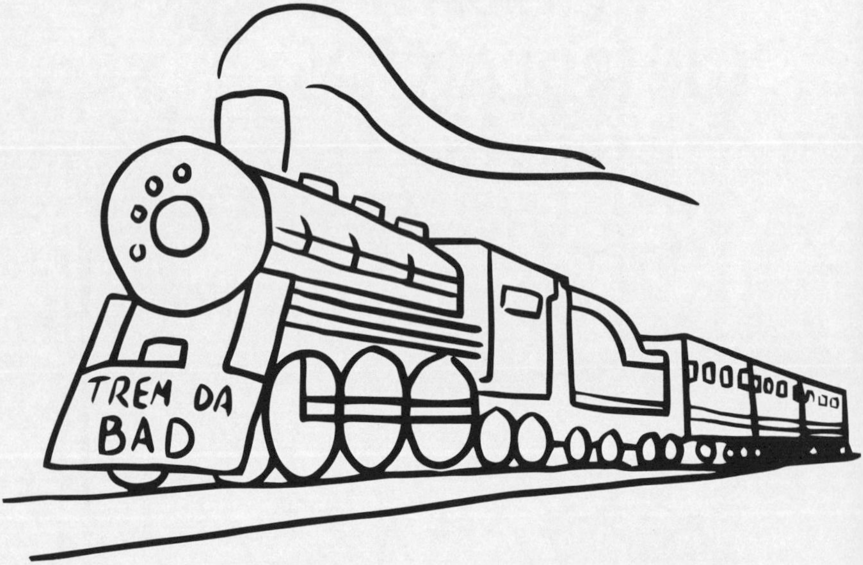
TREM DA
BAD

COLÍRIO
PARA DESVER
CERTAS COISAS
NA INTERNET
SOLUÇÃO OFTÁLM
20 ml
COLÍRIO
20 ml

NÃO PERCA TEMPO

COM ALGUÉM QUE TE TRATA
COMO ALGO TÃO PEQUENO

O MEU MEDO DE PERDER VOCÊ PARA
OUTRA PESSOA ERA TÃO GRANDE QUE
CHEGAVA A DOER. EU CULTIVAVA
PARANOIAS, INVENTAVA HISTÓRIAS PARA
VER SE VOCÊ CONFESSAVA ALGUMA
COISA. MAS ACABOU SENDO POR CAUSA
DESSAS MENTIRAS E DESSA INSEGURANÇA
DESNECESSÁRIA QUE VOCÊ SE CANSOU E
FOI EMBORA.

| TE FAZ BEM | ME FAZER MAL? |

TRANSBORDO TANTO SENTIMENTO	QUE NÃO CONSIGO NEM DISCUTIR COM ALGUÉM SEM CHORAR

TÁ TUDO TÃO ESTRANHO QUE A SOLUÇÃO É PEGAR CARONA PARA OUTRO PLANETA MESMO.

NÃO SÃO AS VITÓRIAS QUE NOS FAZEM APRENDER

SÃO AS DERROTAS QUE NOS AJUDAM A CRESCER

SABE, MEU HUMOR SEMPRE FUNCIONOU UM POUCO COMO AS ESTAÇÕES DO ANO. ÀS VEZES, LINDO COMO A PRIMAVERA, OUTRAS, ACOLHEDOR COMO O VERÃO OU CONFUSO COMO O OUTONO E, ALGUMAS VEZES, TÃO INSENSÍVEL QUANTO O INVERNO. AGRADEÇO IMENSAMENTE A TODAS AS PESSOAS QUE AGUENTARAM TODAS ESSAS MUDANÇAS NO MEU CLIMA.

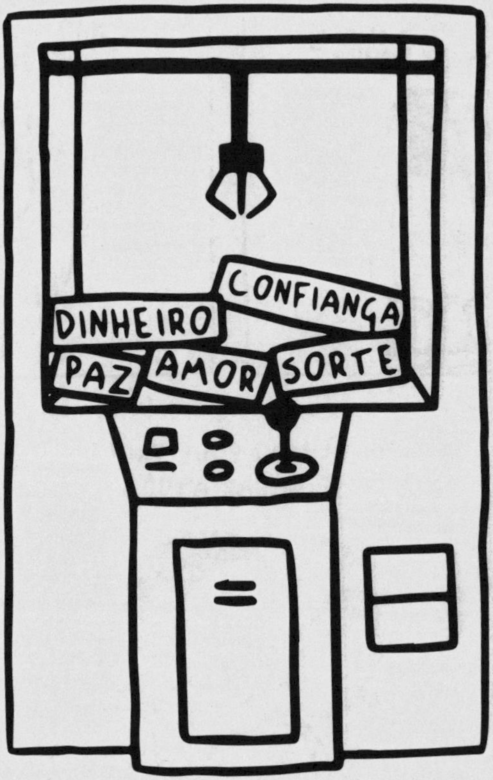
CONFIANÇA
DINHEIRO
PAZ
AMOR
SORTE

MESMO QUE A SUA DOR SEJA ENORME

NÃO DESISTA DE VIVER

TODO MUNDO PODE PROCURAR E ACHAR AJUDA

NINGUÉM DESISTE DO AMOR.

NA VERDADE, A GENTE DESISTE

DE ACREDITAR NAS POSSIBILIDADES

FOI PENSANDO DEMAIS	QUE EU CRIEI PROBLEMAS ONDE NÃO EXISTIA NADA

TODO MUNDO MERECE SER FELIZ E CRESCER

INDEPENDENTE DE OUTRA PESSOA

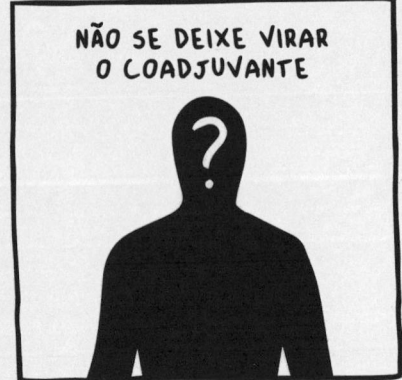

SEJA O PROTAGONISTA	DO SEU FILME
NÃO SE DEIXE VIRAR O COADJUVANTE	POR MEDO DE COMO VAI TERMINAR O ROTEIRO

TROFÉU
TROUXA
DO ANO

POR MAIS QUE PAREÇA O FIM DO MUNDO, POR MAIS QUE PAREÇA QUE VOCÊ NUNCA ENCONTRARÁ OUTRA PESSOA LEGAL, LEMBRE-SE DE QUE TUDO PASSA. PODE NÃO SER HOJE, NEM AMANHÃ OU NA SEMANA QUE VEM, MAS PASSA. E PASSA PARA MELHOR.

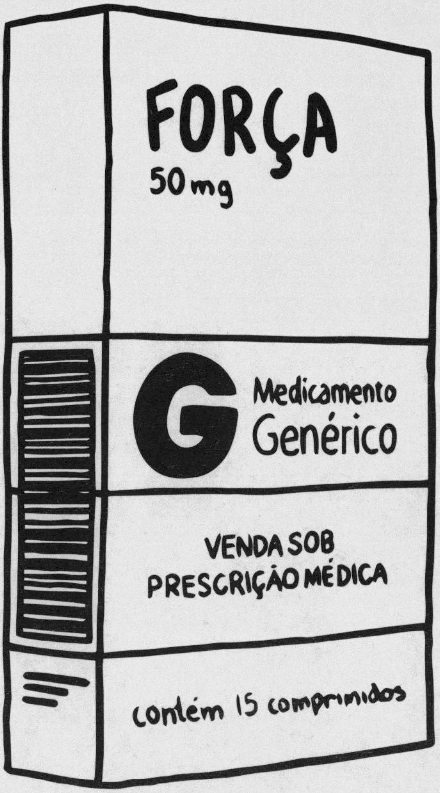
FORÇA
50mg
Medicamento
Genérico
VENDA SOB
PRESCRIÇÃO MÉDICA
contém 15 comprimidos

VOCÊ DIZ QUE ESTÁ TRISTE E IMEDIATAMENTE COMEÇAM A DITAR REGRAS SOBRE COMO VOCÊ PODE FICAR FELIZ. AS PESSOAS SE ESQUECEM QUE ÀS VEZES A TRISTEZA É NECESSÁRIA E QUE TODO MUNDO MERECE UM ESPAÇO PARA CHORAR.

TERMÓMETRO DAS DECEPÇÕES

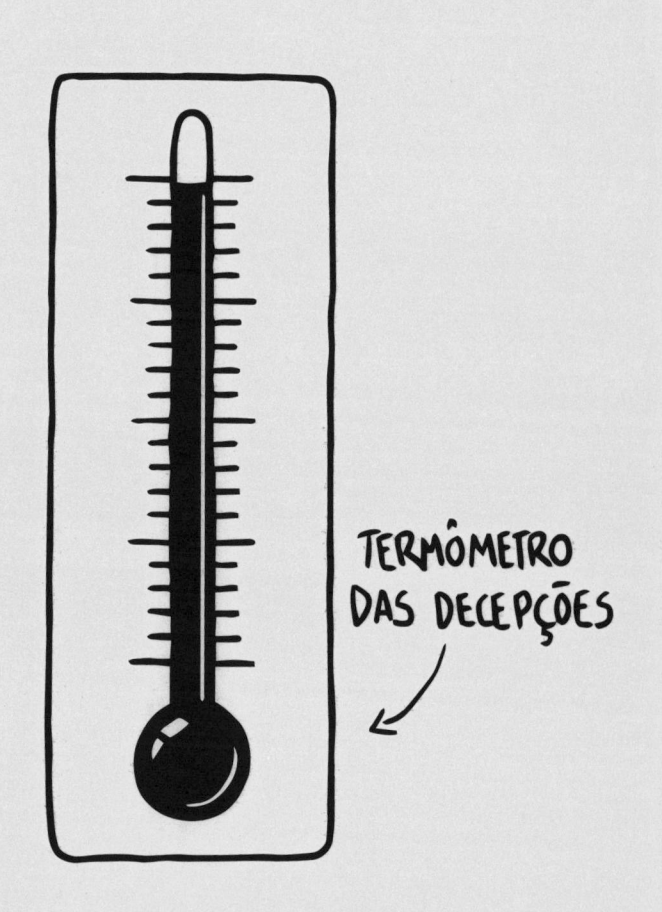

A PIOR PARTE DOS SEUS ERROS	NÃO FOI O FATO DE VOCÊ TER PARTIDO
MAS SIM DE NUNCA TER VOLTADO	PARA SE DESCULPAR — me perdoa?

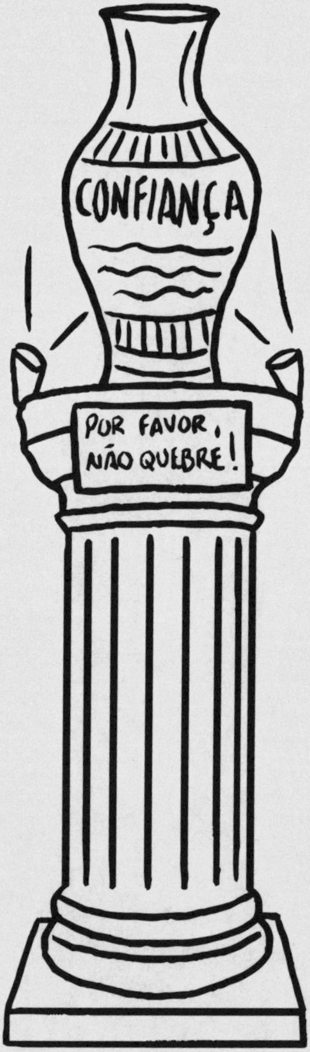
CONFIANÇA
POR FAVOR, NÃO QUEBRE!

ALGUMAS PESSOAS SIMPLESMENTE NÃO CONSEGUEM VER O QUE O OUTRO TEM DE BOM. CISMAM EM LEMBRAR A CADA MINUTO TODOS OS SEUS DEFEITOS, SEM AO MENOS TENTAR ENXERGAR SUAS QUALIDADES. SE ALGUÉM COMETE UM ERRO, IMEDIATAMENTE JÁ O APONTAM, MAS SE FAZ ALGO DE BOM, NINGUÉM COMENTA. TORNA-SE UMA ATITUDE EXTREMAMENTE IRRITANTE E INCRIVELMENTE TRISTE.

Pessoas

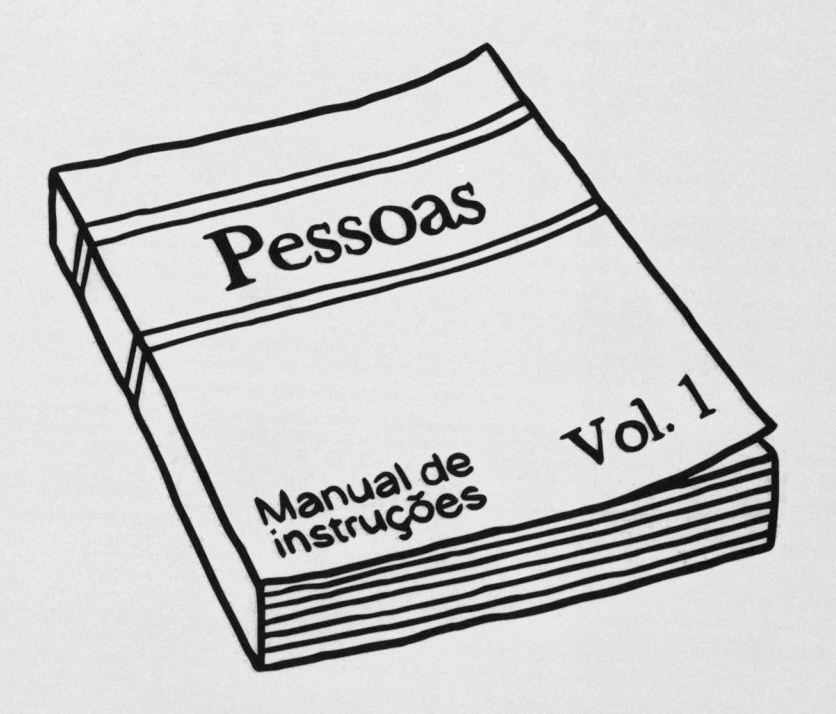

Manual de instruções

Vol. 1

| ARRUMEI QUALIDADES QUE NEM EXISTIAM EM VOCÊ | PRA TENTAR EXPLICAR O PORQUÊ DE AINDA ESTAR CONTIGO |

BILHETE DE AVIÃO

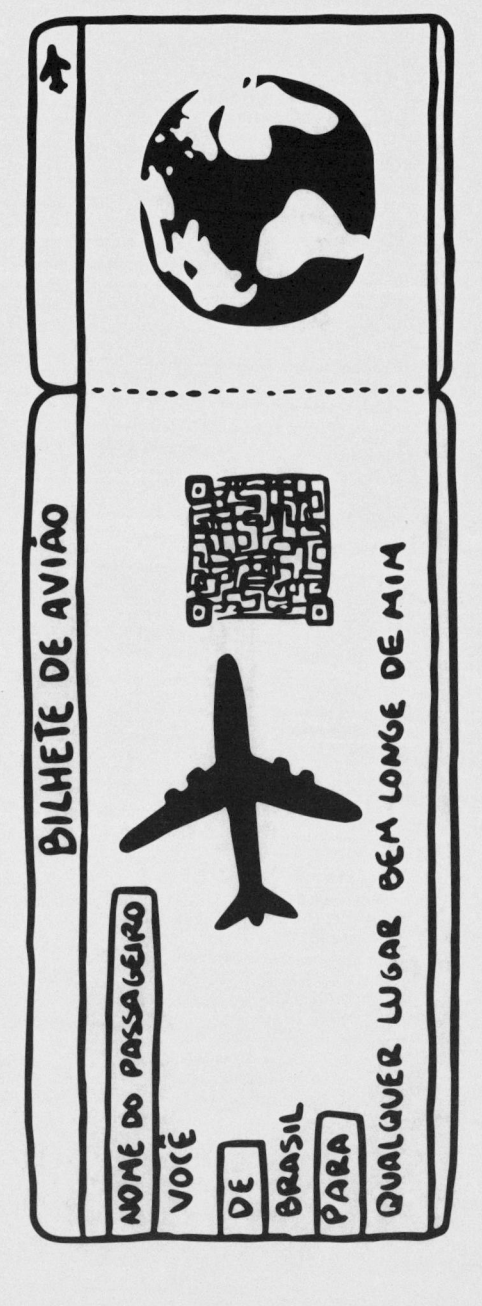

NOME DO PASSAGEIRO: VOCÊ
DE: BRASIL
PARA: QUALQUER LUGAR BEM LONGE DE MIM

Dizem que sentir saudade é bom, que sem ela não entenderíamos a falta que o outro nos faz. Mas a verdade é que, cada vez que me lembro da distância entre nós dois, meu coração se desmonta um pouco, e percebo que não tenho você por perto para consertá-lo.

PERFUME *da saudade*

COMPOSIÇÃO:
CHEIRO DA PESSOA AMADA

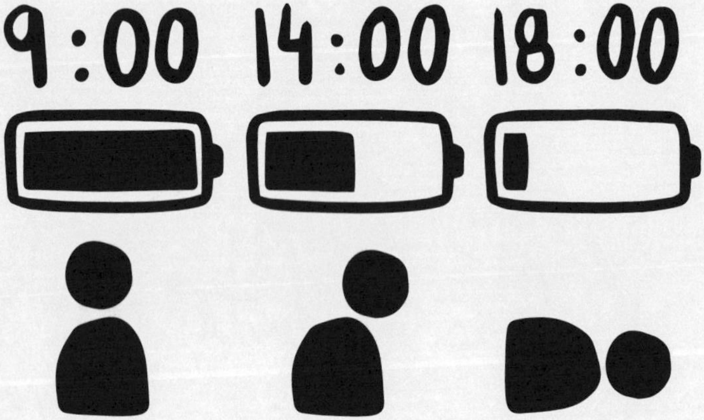
9:00 14:00 18:00

ENTENDA: NINGUÉM É MAIOR NEM MELHOR QUE VOCÊ. ALGUMAS PESSOAS TÊM FACILIDADE EM APRENDER E ENTENDER COISAS MAIS RÁPIDO, E ISSO NÃO SIGNIFICA QUE VOCÊ É BURRO, NEM NADA DO TIPO. FAÇA AS COISAS NO SEU TEMPO, APRENDA DO SEU JEITO E PARE DE SE COMPARAR COM OS OUTROS. CORRA ATRÁS E CRESÇA SEM MEDIR SEU ESFORÇO COM O DE OUTRA PESSOA. TENHO CERTEZA DE QUE AMBAS PODEM ALCANÇAR O MESMO NÍVEL ALTO, INDEPENDENTEMENTE DE QUANTO TEMPO LEVE PARA ISSO ACONTECER.

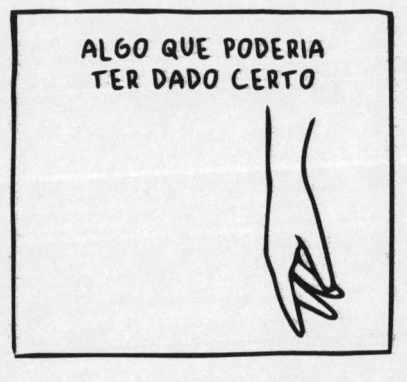

COM MEDO DE ME DECEPCIONAR	EU ESCOLHI LARGAR TUDO
E ACABEI PERDENDO	ALGO QUE PODERIA TER DADO CERTO

ALGUMAS VEZES

SÓ CONSEGUIMOS ENTENDER A DOR DO OUTRO

QUANDO PASSAMOS PELA MESMA SITUAÇÃO

ÀS VEZES NÃO TEM MUITO MOTIVO

AS COISAS APENAS ACABAM UM DIA

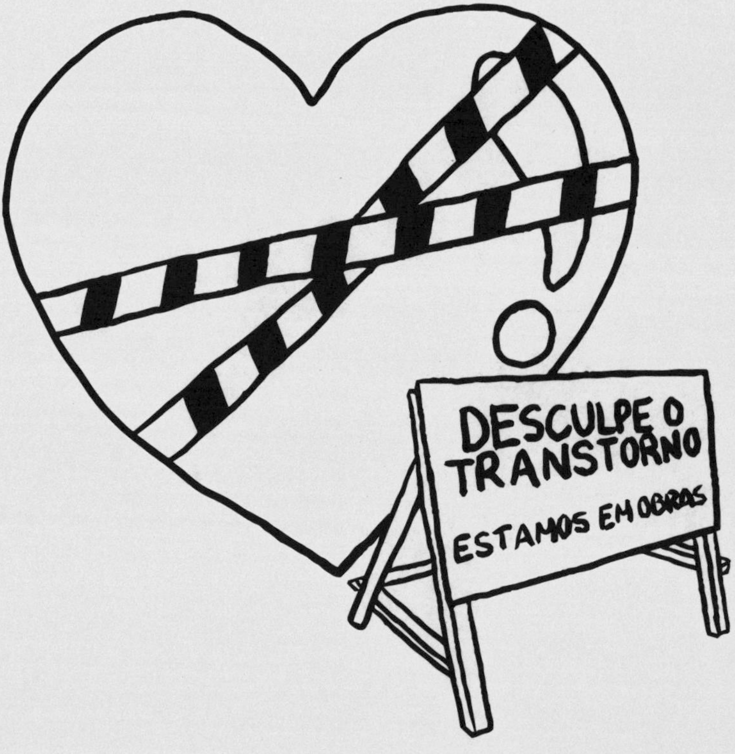
DESCULPE O TRANSTORNO
ESTAMOS EM OBRAS

Tem gente que acha que é o centro do universo, que o problema nunca está nela, mas sim na outra pessoa. "Não entendo porque isso sempre acontece comigo", dizem. Mas, de vez em quando, vale a pena tirar um tempo para rever o que você tem feito, como tem agido, só para conferir se o problema não está em você mesmo.

Pô Cupido, errou de novo?

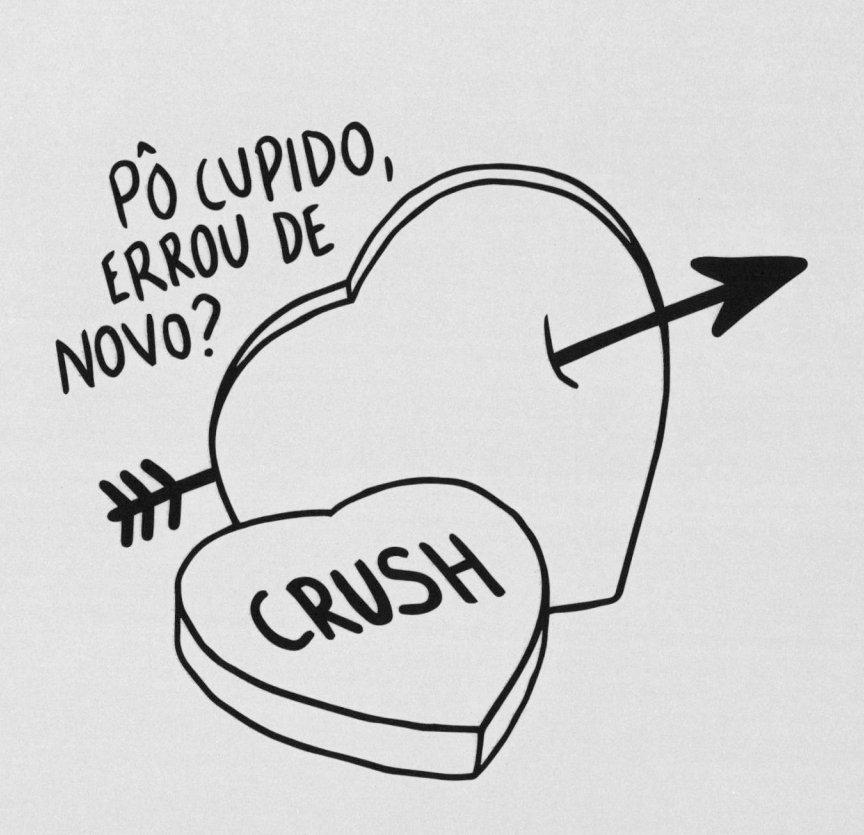

CRUSH

EM CASO DE AMOR
À PRIMEIRA VISTA:
SURPREENDA.

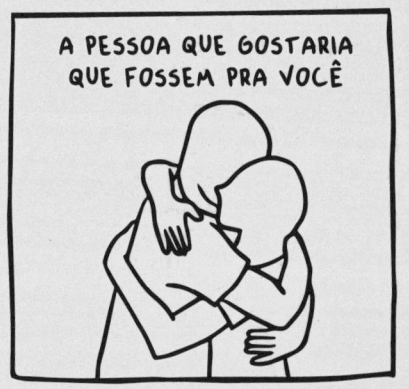

SEJA PARA ALGUÉM	A PESSOA QUE GOSTARIA QUE FOSSEM PRA VOCÊ

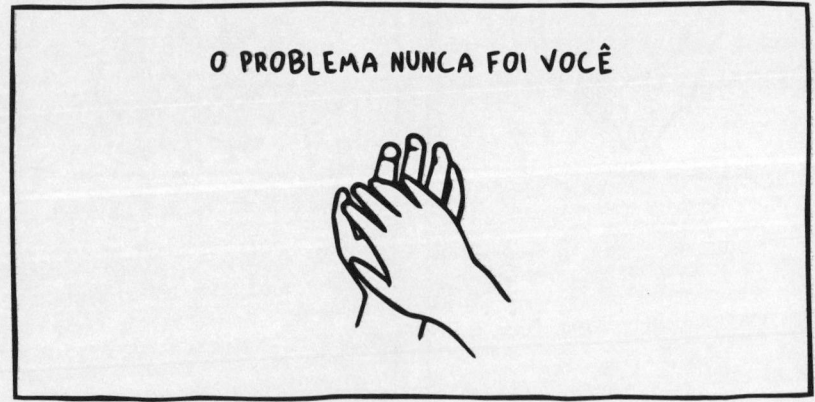

NÃO SE DIMINUA

SÓ PORQUE ALGUÉM DISSE QUE VOCÊ NÃO VALIA A PENA

O PROBLEMA NUNCA FOI VOCÊ

CHEGAMOS A UMA FASE DO RELACIONAMENTO

ONDE NÃO SABEMOS MAIS SE ESTAMOS JUNTOS POR AMOR

OU POR MEDO DA SOLIDÃO

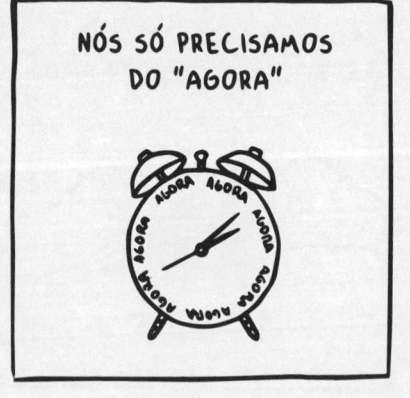

NÃO ME PEGA PARA PROMETER	QUE FICAREMOS JUNTOS PRA SEMPRE
EU SÓ POSSO PROMETER O "HOJE"	NÓS SÓ PRECISAMOS DO "AGORA"

Receita:

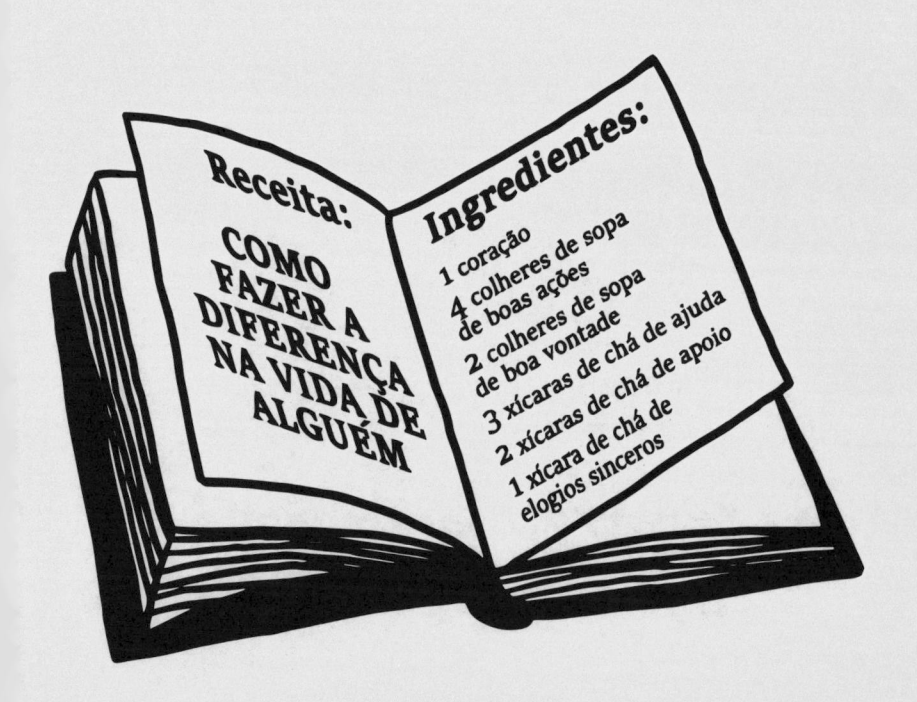

COMO FAZER A DIFERENÇA NA VIDA DE ALGUÉM

Ingredientes:

- 1 coração
- 4 colheres de sopa de boas ações
- 2 colheres de sopa de boa vontade
- 3 xícaras de chá de ajuda
- 2 xícaras de chá de apoio
- 1 xícara de chá de elogios sinceros

TUDO BEM TER CIÚMES QUANDO HÁ UM FUNDO DE VERDADE. O MEDO DE PERDER É ACEITÁVEL QUANDO FAZ SENTIDO. MAS CUIDADO, É ESSE MESMO MEDO BOBO EM EXCESSO QUE ÀS VEZES FAZ A OUTRA PESSOA DESISTIR DE VOCÊ.

DESCULPA, TÔ ANSIOSA...

EU ACHO ESSA COISA DE "ALMA GÊMEA" MEIO FURADA...

COMO QUE NUM MUNDÃO DESSE

QUEREM QUE EU ACREDITE QUE SÓ 1 PESSOA É PERFEITA PRA MIM?

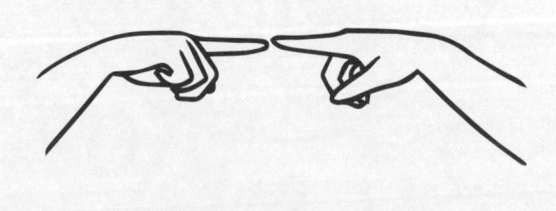

SE QUER SEGUIR EM FRENTE PARA UM NOVO CAPÍTULO	TIRE O MARCADOR DE PÁGINA DO CAPÍTULO ANTERIOR

| O MUNDO JÁ ANDA MEIO RUIM | PRA QUÊ PIORAR TUDO COM ESSE SEU ÓDIO GRATUITO? |

EXISTE UMA ENORME DIFERENÇA ENTRE CRITICAR E OFENDER, E ALGUMAS PESSOAS AINDA NÃO CONSEGUEM ENTENDER ISSO. REALMENTE, VOCÊ NÃO É OBRIGADO A GOSTAR DE NADA E TUDO BEM SE ACHOU QUE O TRABALHO DA PESSOA X É RUIM, MAS NÃO VENHA COM MIL PEDRAS PRA ARREMESSAR NELA COM A DESCULPA DE QUE VOCÊ TEM DIREITO À "LIBERDADE DE EXPRESSÃO". ISSO ULTRAPASSA O LIMITE DA LIBERDADE E JÁ ENTRA NA ZONA DA GROSSERIA, IGNORÂNCIA, RUDEZ... NÃO HÁ NECESSIDADE DE OFENDER O TRABALHO DE ALGUÉM SÓ PORQUE NÃO TE AGRADOU.

PROCURANDO A OPINIÃO QUE TE PEDI...

MINHA PACIÊNCIA

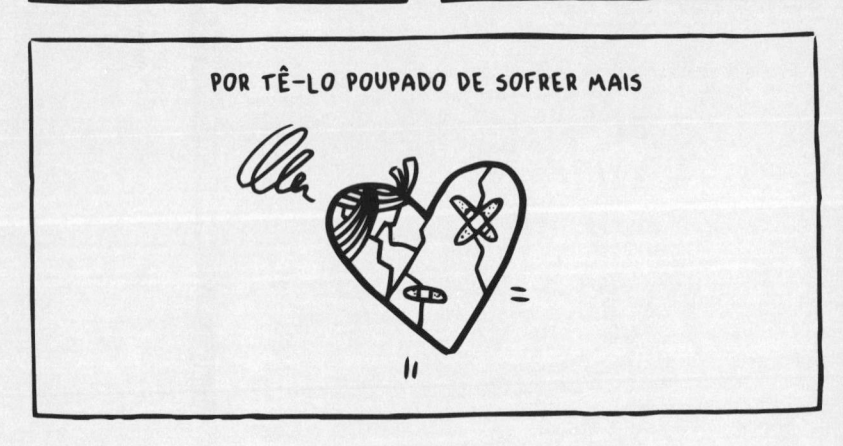

QUANDO TERMINAMOS EU ACHEI QUE ME ARREPENDERIA

MAS TODO DIA MEU CORAÇÃO ME AGRADECE

POR TÊ-LO POUPADO DE SOFRER MAIS

| ÀS VEZES ME PEGO LEMBRANDO DE TODAS | AS PROMESSAS E JURAS DE AMOR QUE VOCÊ ME FEZ... |

| EM PENSAR QUE ACREDITEI EM TUDO | PRA NO FIM ACABAR ASSIM: | COMO SE NADA TIVESSE ACONTECIDO |

SABE AQUELE MEDO DE FICAR SOZINHO? DE NÃO ENCONTRAR ALGUÉM QUE GOSTE DE VOCÊ, DE PERDER SEUS AMIGOS, DE MORRER SEM DEIXAR NADA DE BOM PARA O MUNDO... ME DIZ, VOCÊ JÁ TEVE ESSE MEDO? PORQUE EU JÁ, E AINDA NÃO SEI AO CERTO COMO TUDO VAI CAMINHAR A PARTIR DE HOJE. EU SÓ ESPERO ESTAR FAZENDO TUDO CERTO, MAS SE ESTIVER ERRADO, QUE EU APRENDA E CRESÇA COM MEUS ERROS. QUE ESSE MEU MEDO SIRVA COMO INSPIRAÇÃO, E NÃO COMO DESENCORAJAMENTO.

ELA ACHA QUE O EX ESTÁ MUITO MELHOR SEM ELA	PORQUE VIU UMA FOTO DELE PELA INTERNET SE DIVERTINDO EM UMA FESTA

MAL ELA SABE QUE AS PESSOAS TRISTES SABEM DISFARÇAR MUITO BEM

> PERGUNTEI SE FIZ ALGO ERRADO, SE ELA ESTAVA GOSTANDO DE OUTRA PESSOA

> MAS NÃO ERA NADA DISSO... ELA SÓ NÃO ME AMAVA MAIS

| VOCÊ NÃO ME MAGOOU | PELO CONTRÁRIO |

| VOCÊ FOI INCRÍVEL | E ME FEZ MUITO FELIZ |

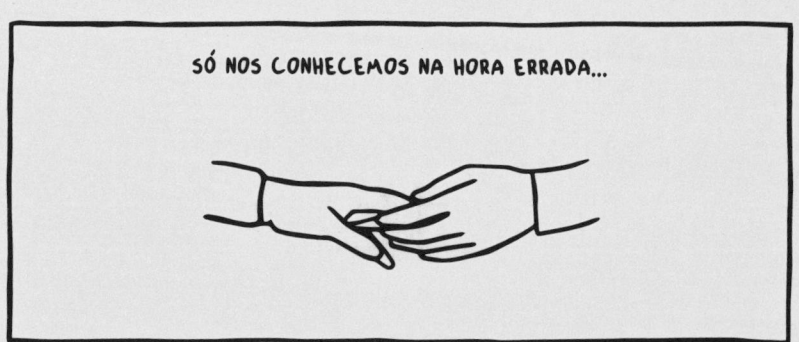

SÓ NOS CONHECEMOS NA HORA ERRADA...

O AMOR NÃO É UMA COISA QUE SE EXPLICA EM PALAVRAS	ELE SÓ CHEGA DE MANSINHO
SEM AVISAR	E QUANDO VOCÊ PERCEBE JÁ É TARDE DEMAIS

| ERA SEMPRE VOCÊ QUE ME APOIAVA | QUE ME FAZIA RIR |

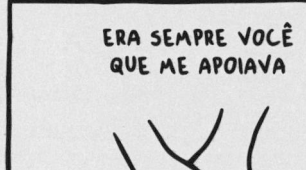

ME DEIXAVA BEM | ERA SEMPRE CONTIGO QUE EU QUERIA ESTAR

SABE A SORTE QUE TIVEMOS EM NOS APAIXONAR?

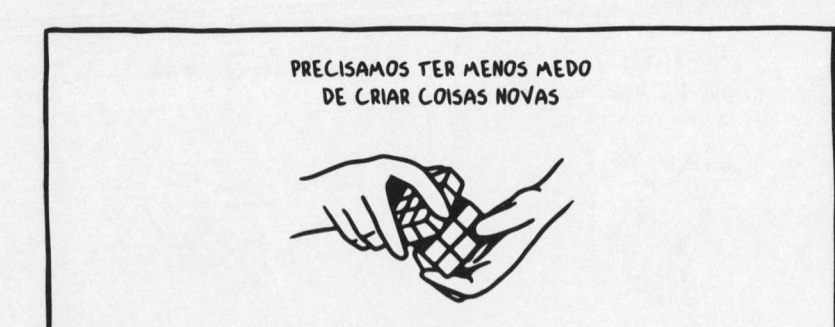

PRECISAMOS TER MENOS MEDO DE CRIAR COISAS NOVAS

DE EXPLORAR O IMPOSSÍVEL

SE DER ERRADO, BOLA PRA FRENTE

MAS SE DER CERTO

A CULPA VAI SER TODA SUA E O CRÉDITO TODO SEU

Tem gente que ama discursar sobre o quão fácil é se amar. O quão fácil é amar cada detalhe em você, incluindo seus defeitos. Mas não funciona bem assim. É, sim, importante ter amor-próprio e se aceitar do jeitinho que você é, mas ninguém pode afirmar que é um processo simples pra todo mundo. No fim das contas, o importante não é necessariamente se amar por completo, mas, sim, parar de se comparar com os outros. Você é um ser único. Não deixe nunca que te diminuam por ser quem você é.

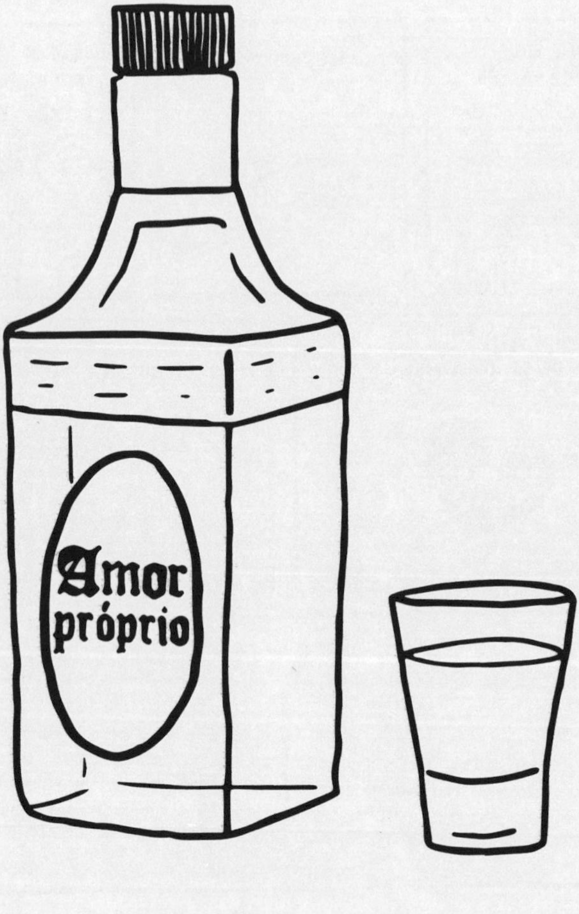
Amor
próprio

| VOCÊ PODE TENTAR EVITAR | SE GUARDAR | PARAR DE CONHECER NOVAS PESSOAS |

TUDO ISSO POR MEDO DE SE APAIXONAR

MAS SE TIVER QUE SER, JÁ ERA...

SEM QUERER, O AMOR ACONTECE

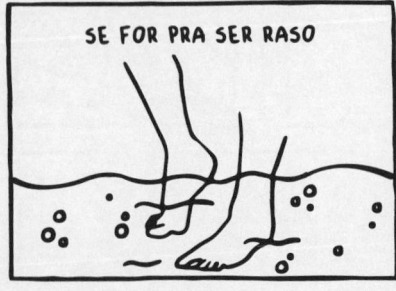

| SEMPRE FUI UMA PESSOA 80 | QUE SE JOGA DE CABEÇA | INTENSA... |

| SE FOR PRA SER RASO | SE FOR PRA SER 8 |

NEM TENTO

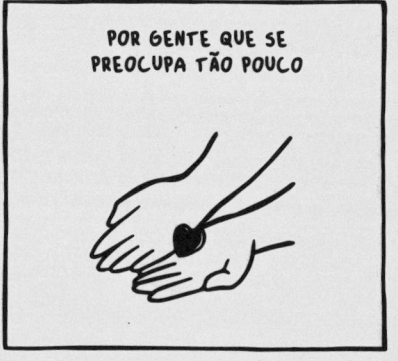

EU FAÇO TUDO PELAS PESSOAS QUE GOSTO	E ESPERO QUE ELAS FAÇAM O MESMO POR MIM	MAS ACHO QUE ESSE É O MEU PROBLEMA
FAZER MUITO	POR GENTE QUE SE PREOCUPA TÃO POUCO	

O MAL DO PESSIMISTA É COMEÇAR ALGO

JÁ PENSANDO EM COMO VAI TERMINAR

É ENCARAR ALGO SEM EXPECTATIVA

JÁ ACHANDO QUE NÃO VAI DAR CERTO

COM TANTOS "NÃOS" ASSIM NA CABEÇA

COMO CONSEGUE SER FELIZ?

NÃO PRECISO QUE AME MINHA TATUAGEM	QUE APROVE MEU CABELO AZUL	NEM QUE CONCORDE COM MEU PIERCING NO NARIZ

O QUE EU PRECISO É QUE VOCÊ PERCEBA

QUE ALGUMAS PESSOAS SÃO MUITO MAIS DO QUE SÓ ALGUMAS MUDANÇAS ESTÉTICAS

| PIOR DO QUE TER UM AMOR NÃO CORRESPONDIDO | É SER O AMOR NÃO CORRESPONDIDO |

DE ALGUÉM QUE SÓ TE QUER O BEM

| ELE NUNCA PERDEU A CABEÇA COMIGO | NUNCA JULGOU MINHAS ESCOLHAS | NUNCA DESISTIU DE MIM |

QUANDO EU MAIS PRECISEI DE CARINHO

ELE ESTAVA LÁ

OBRIGADO POR SER MEU ANJO DE QUATRO PATAS

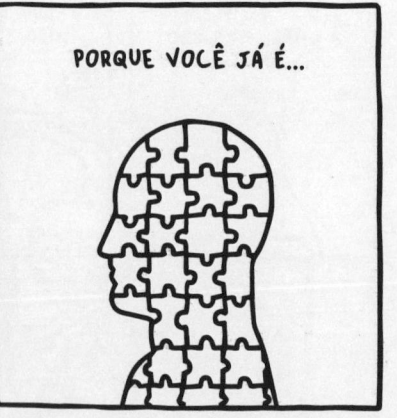

VOCÊ NÃO PRECISA DE NINGUÉM PRA SER COMPLETO

PORQUE VOCÊ JÁ É...

O QUE VOCÊ PRECISA É DE ALGUÉM QUE TE ACRESCENTE

VOCÊ

EU

NÓS

OBRIGADO PELO GELO QUE VOCÊ ME DEU.

FICOU ÓTIMO NA CAIPIRINHA!

PESSOAS QUE NÃO GOSTAM DE MIM MAS NEM ME CONHECEM

FILA →

NÃO DESCONTE SUA RAIVA

EM QUEM NÃO TEM NADA A VER COM A SITUAÇÃO

ALGUNS ME JULGAM HIPÓCRITA POR FALAR "NÃO FAÇA ISSO" ENQUANTO FAÇO A MESMA COISA. MAS AS PESSOAS DEVERIAM ENTENDER QUE OS MEUS AVISOS SERVEM EXATAMENTE PARA QUE ELAS NÃO COMETAM OS MESMOS ERROS QUE EU COMETI.

SÓ TÔ AQUI TENTANDO CALCULAR QUANTAS VEZES VOCÊ JÁ MENTIU PRA MIM...

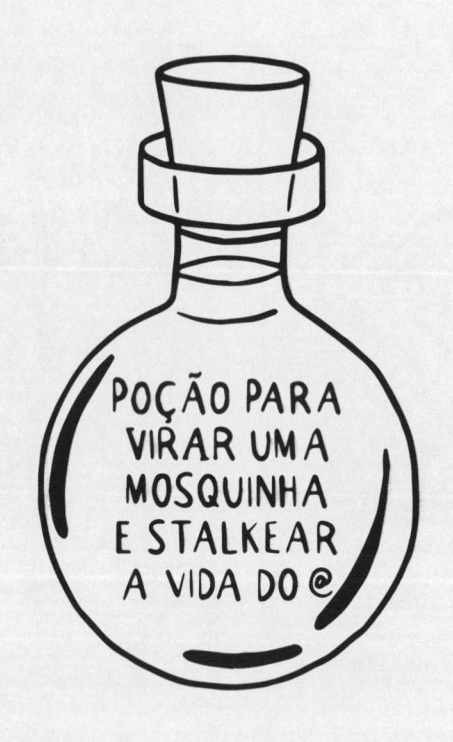

POÇÃO PARA
VIRAR UMA
MOSQUINHA
E STALKEAR
A VIDA DO @

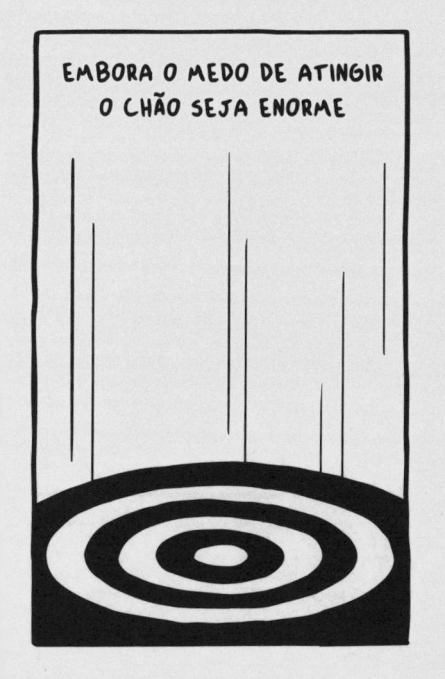

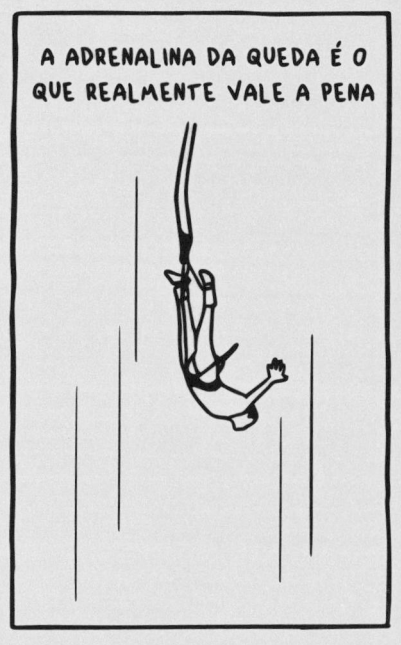

| EMBORA O MEDO DE ATINGIR O CHÃO SEJA ENORME | A ADRENALINA DA QUEDA É O QUE REALMENTE VALE A PENA |

NÃO LIMITE SEUS SONHOS POR FALTA DE ESPERANÇA

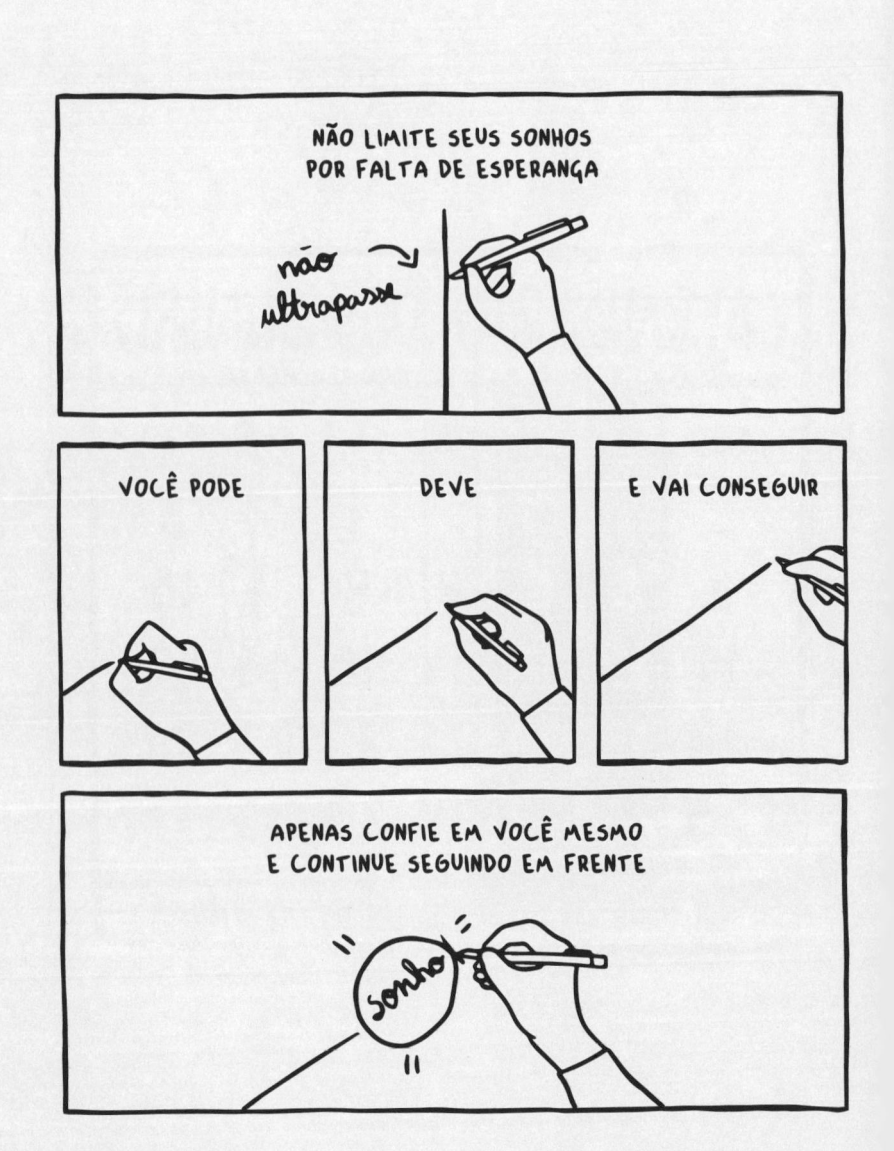

não ultrapasse

| VOCÊ PODE | DEVE | E VAI CONSEGUIR |

APENAS CONFIE EM VOCÊ MESMO E CONTINUE SEGUINDO EM FRENTE

sonho

CALENDÁRIO DOS SONHOS

SEG	TER	QUA	QUI	SEX	SÁB	DOM
				1	2	3
4	5	6	7	8	9	10
11	12	13	14	15	16	17
18	19	20	21	22	23	24
25	26	27	28	29	30	

■ DIAS ÚTEIS   □ FIM DE SEMANA

MINHA VIDA ANDA TÃO PARADA QUE SE FOSSE UMA SÉRIE JÁ TERIA SIDO CANCELADA.
CANCELADA

É TRISTE PENSAR QUE AS PESSOAS "VALORIZAM"	MUITO MAIS SEUS ERROS DO QUE ACERTOS
ACERTE E SÓ ALGUMAS VÃO LEMBRAR	ERRE E TODAS VÃO JULGAR

NÃO SEI O QUE É MAIS ASSUSTADOR

ESTARMOS COMPLETAMENTE SOZINHOS NO UNIVERSO

OU NÃO TÃO SOZINHOS ASSIM...

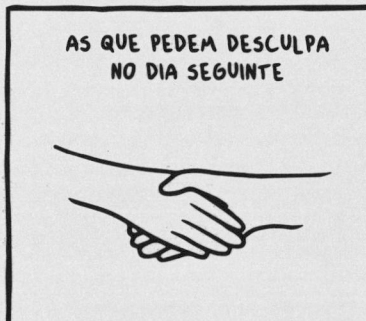

EXISTEM DOIS TIPOS DE PESSOAS APÓS UMA DISCUSSÃO FEIA:

AS QUE PEDEM DESCULPA NO DIA SEGUINTE

E AS QUE FINGEM QUE NADA ACONTECEU

QUAL DELAS VOCÊ COSTUMA SER?

AO LONGO DA VIDA COLECIONAMOS MOMENTOS	TRISTEZAS	PESSOAS
E COM CADA PARTE APRENDEMOS UM POUQUINHO	SOBRE COMO VIVER E APROVEITAR CADA SEGUNDO	

TOME SEMPRE CUIDADO COM O
TIPO DE CONSELHO QUE VOCÊ DÁ

NUNCA SE SABE QUAL PARTE A
PESSOA VAI REALMENTE ABSORVER DELE

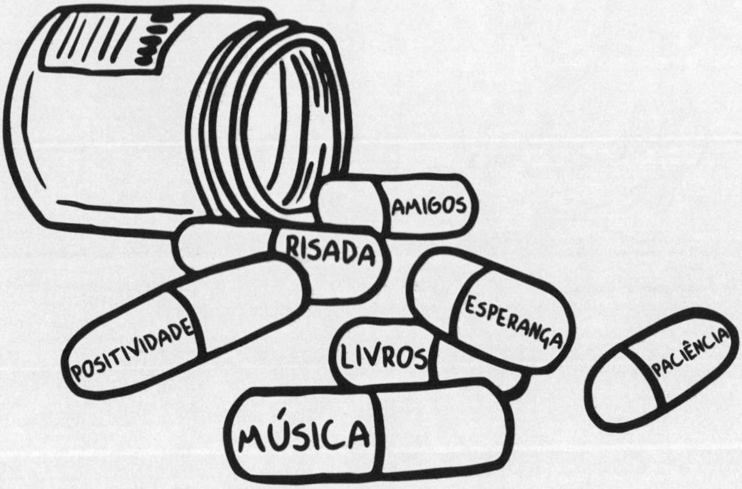
AMIGOS
RISADA
ESPERANÇA
POSITIVIDADE
LIVROS
PACIÊNCIA
MÚSICA

NÃO DESISTA DE VOCÊ	**NÃO DESISTA DO AMOR**

O MUNDO TEM OUTRAS PESSOAS INCRÍVEIS QUE VOCÊ PRECISA CONHECER

SÓ PORQUE VOCÊ NÃO ENTENDE

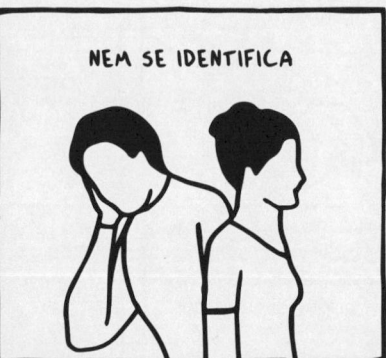

NEM SE IDENTIFICA

NÃO SIGNIFICA QUE O QUE EU SINTO É DRAMA

QUERIA QUE ENTENDESSE MEU PEDIDO DE DESCULPA POR TER BRIGADO CONTIGO
TE CHAMADO DE PÉSSIMO CACHORRO
DITO QUE VOCÊ NÃO FAZIA NADA CERTO
DESCULPA PELAS VEZES QUE IGNOREI QUANDO ME TROUXE SUA BOLINHA
OU QUANDO ME PEDIU CARINHO E EU ESTAVA SEM TEMPO
QUERIA QUE SOUBESSE A FALTA QUE VOCÊ ME FAZ
E COMO TUDO ANDA MEIO CHATO SEM SEU RABINHO ABANANDO PELA CASA

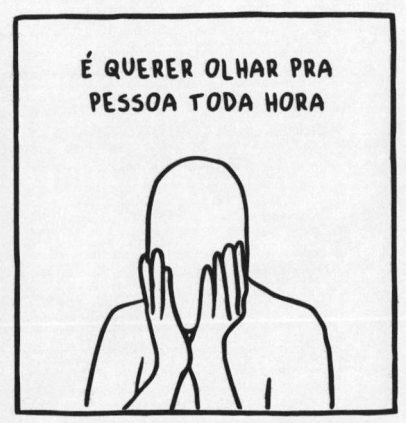

ESTAR APAIXONADO	É QUERER OLHAR PRA PESSOA TODA HORA
PRA VER QUE <u>AQUELE</u> SORRISO	É POR SUA CAUSA

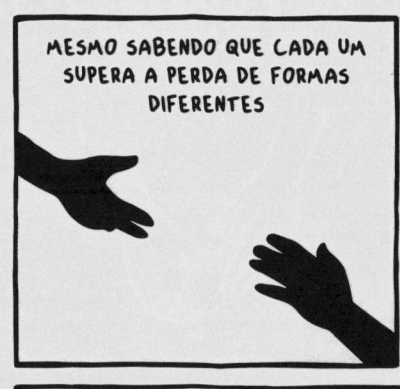

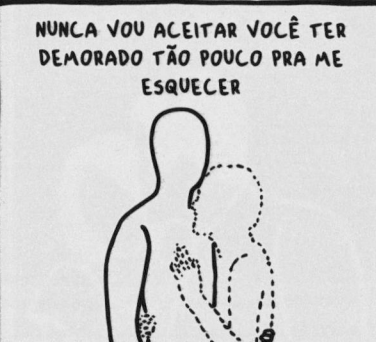

MESMO SABENDO QUE CADA UM SUPERA A PERDA DE FORMAS DIFERENTES

NUNCA VOU ACEITAR VOCÊ TER DEMORADO TÃO POUCO PRA ME ESQUECER

ENQUANTO AINDA SINTO SUA FALTA

EU SOU AQUELE TIPO DE PESSOA QUE SE APEGA	COM A MESMA RAPIDEZ QUE SE DESAPEGA
E SE DESAPAIXONA	PELO MESMO MOTIVO POR QUAL SE APAIXONOU

| NÃO DEIXE QUE O SEU MEDO DE FICAR SOZINHO | TE PERMITA CONTINUAR AO LADO |

DE QUEM NÃO MERECE SUA COMPANHIA

| O QUE OS OLHOS NÃO VEEM | O CORAÇÃO NÃO SENTE |

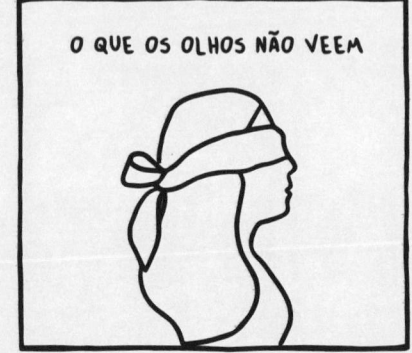

MAS A INTUIÇÃO JÁ SABE

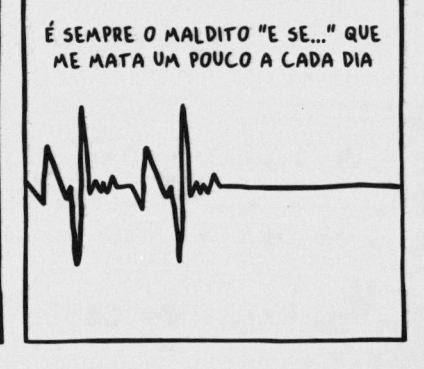

E SE TIVESSE DADO CERTO?	E SE EU FIZESSE OUTRA COISA?	E SE TUDO FOSSE DIFERENTE?

É SEMPRE O MALDITO "E SE..." QUE ME ASSOMBRA

É SEMPRE O MALDITO "E SE..." QUE ME MATA UM POUCO A CADA DIA

INFELIZMENTE SEMPRE SERÁ MAIS FÁCIL ACREDITAR NAS COISAS RUINS QUE NOS FALAM. UM ELOGIO DÁ PRA DESCONFIAR, DESACREDITAR, MAS É SÓ A PESSOA VIR COM ALGO RUIM SOBRE NÓS QUE JÁ ACREDITAMOS RAPIDINHO. NÃO PODEMOS NOS DEIXAR ABALAR PELO QUE FALAM DA GENTE. NÃO COMECE A ENCONTRAR DEFEITOS ONDE NÃO HÁ NENHUM.

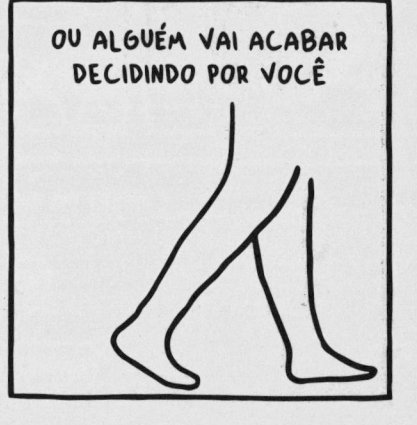

O JEITO MAIS RÁPIDO DE PERDER ALGUÉM	É TENDO MEDO DE ESCOLHER O QUE QUER
DECIDA-SE	OU ALGUÉM VAI ACABAR DECIDINDO POR VOCÊ

TÔ PRECISANDO DE PESSOAS MAIS "BORA"

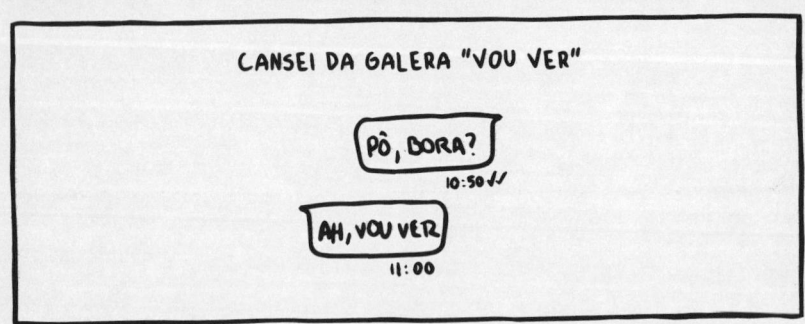

- BORA BEBER?
- BORA!

- BORA AO CINEMA?
- BORA!

- BORA PRO SHOW?
- BORA!

CANSEI DA GALERA "VOU VER"

PÔ, BORA?
10:50

AH, VOU VER
11:00

AS RELAÇÕES HOJE EM DIA PARECEM BEM DELICADAS	É UMA CURTIDA NUMA FOTO QUALQUER	OU UM COMENTÁRIO AMBÍGUO EM OUTRA

E TUDO PODE DESMORONAR

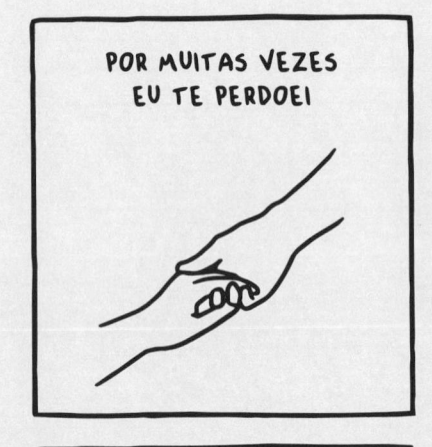

POR MUITAS VEZES EU TE PERDOEI	MAS POR MUITAS OUTRAS
SUAS PALAVRAS FORAM MAIS FORTES	DO QUE SEU PEDIDO DE DESCULPA

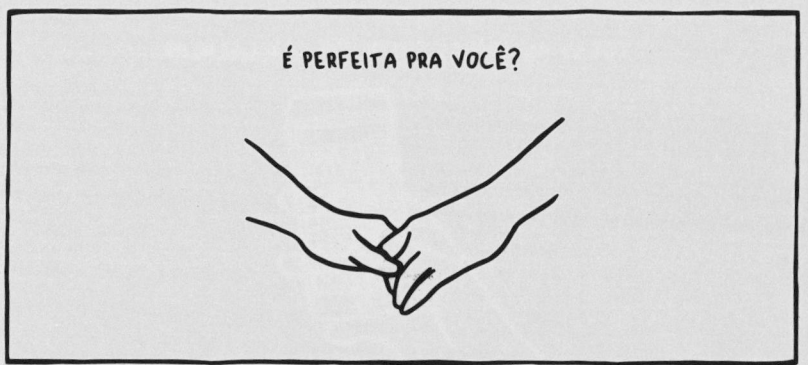

COM MAIS DE 7 BILHÕES DE PESSOAS DIFERENTES NO MUNDO

AINDA ACHA QUE SOMENTE UMA

É PERFEITA PRA VOCÊ?

QUERIA PODER APAGAR ALGUMAS MEMÓRIAS	COM A MESMA RAPIDEZ QUE APAGUEI

TODAS AS NOSSAS FOTOS DO MEU CELULAR

BOTA O ORGULHO DE LADO	E FALA COM AQUELA PESSOA
UMA GRANDE AMIZADE NÃO PODE ACABAR	POR CAUSA DE UMA BRIGA TÃO BOBA ASSIM

NINGUÉM TE FAZ CORRER ATRÁS DE NINGUÉM	NINGUÉM TE OBRIGA A NADA.

VOCÊ CORRE PORQUE QUER	E PODE MUITO BEM DEIXAR DE CORRER	SE ASSIM PREFERIR.

NO MOMENTO EM QUE VOCÊ SORRIU PRA MIM

EU SOUBE QUE VOCÊ SERIA MEU PRÓXIMO GRANDE ERRO

SE VOCÊ PUDESSE SE VER

COM OS MEUS OLHOS

ENTENDERIA PORQUE TE ADMIRO TANTO

MESMO ME DANDO TANTOS
MOTIVOS PARA IR

EU INSISTO NOS POUCOS
QUE ME FAZEM FICAR

PROCURA-SE

QUEM TE PERGUNTOU ALGUMA COISA

NEM SEMPRE AS PESSOAS PARTEM POR FALTA DE AMOR. ÀS VEZES ELAS SÓ PERCEBEM QUE VOCÊ MERECE ALGUÉM MELHOR. QUE VOCÊ MERECE SER FELIZ, E NÃO FINGIR SER.

VOCÊ CRIOU UM FORTE	COM AS SUAS MENTIRAS
E LÁ SE MANTEVE SOZINHO	LONGE DE TODOS QUE DESCOBRIRAM A VERDADE

SPRAY ANTI-PESSIMISMO

MUITA GENTE INSISTE EM AFIRMAR QUE SÓ CONSEGUIMOS SER PLENAMENTE FELIZES QUANDO ESTAMOS NA COMPANHIA DE UM AMOR. SÓ CONSEGUIMOS SER COMPLETOS, QUANDO ENCONTRAMOS NOSSA ALMA GÊMEA... MAS SINCERAMENTE, NADA DISSO É VERDADE. VOCÊ NÃO PRECISA ESPERAR UM SUPOSTO ALGUÉM PARA IR ATRÁS DA SUA PRÓPRIA FELICIDADE. VOCÊ TAMBÉM NÃO PRECISA CARREGAR ESSE PESO NAS COSTAS, COMO SE FOSSE UMA OBRIGAÇÃO ENCONTRAR ALGUÉM PARA FICAR JUNTO.

TUDO BEM ESTAR SOLTEIRO.

E NÃO SE ESQUEÇA...

faça sua própria sorte.

AGRADEÇO AOS MEUS PAIS, POR ME AJUDAREM DESDE O INÍCIO COM A PÁGINA AQUELE EITA E COM ESTE LIVRO. AOS MEUS AMIGOS, POR NUNCA DEIXAREM DE APOIAR CADA SONHO LOUCO QUE TENHO. E A MINHA AVÓ, POR TER SIDO UMA PESSOA TÃO IMPORTANTE NA MINHA VIDA. ONDE QUER QUE VOCÊ ESTEJA, ESPERO QUE CONSIGA VER TUDO ISSO QUE ALCANCEI ATÉ AGORA. AMO TODOS VOCÊS DEMAIS DA CONTA!

DECEPÇÕESASETATITUDEE
G(TRANSTORNO)NAMDOLOR
ANIAMUTEAESFORÇONUSTQU
AEOSVOLORATEMHILLA
USCONFUSÃONONETTALENT
SEVERSPEDMENTIRASQU
MARISDESISTIRADEATREMD
MOSWSDVOLUPTATURSUVAZ
ADADEMSIMDEPRESSÃOEU
AMORQUAMVO(CORAÇÃO)LOR
OEHAOERIASACITVELINACE
ILVOLLANTURIDOLU
UDITBURROUTRELAGÕE
IVASIPICIENIMOSPARANOIA
AME(DINHEIRO)NULPARUPTA
ORGAOLUPTAEVELMOLUPISFA
ASUNTHNLAPERTENCIMENT
HILITIFAZMALNUSANDAN
LUPTURINCERTEZASPAZSIM
NECEPUDANTIHILETVOL
CEPEAUTVOLENEMIDESEQU
EAGINSEDEMOCIONALMOLESE
ESTRUMTUDOPASSAISMAGNIMU
SSONHOSPOREQUIVOLESTIU

SSOASINCRÍVEISUTESPERAN
ASENTBITEUNTOEUMETESU
SADAESSINISINT(FELIZ)ETPMED
VCFDEMFUGITEIDELLUPTASPE
VFGRELACIONAMENTOSTIBCIT
AYAUTDOLORESTIISSENTIMEN
OKESTPOSITIVIDADEAPERO
FCOREPERUMASPELIUSTRISTE
VHEQUIDCRUSHOLOREMQ
IFHLNDAGÕESDEBITATURSO
DBC(AMORPRÓPRIO)TAQUED
APTATUSMOLUMAMIZADEASD
BUUNTNONEMQUINCOMPLETO
SCONFIANÇAAMVOLESTIASPE
HRUNDUNTOCCUSPAOBSES
GBNONSENISTSOLIDÃOIDUNTA
BÀPRIMEIRAVISTAULPARUM
IPSUNDANTTECESTVOLORALI
FHRE(PROBLEMAS)MVOLUTESTE
HDEXPECTATIVASDOLOREMSO
MUSQUAMNECTIAVOLLUPTASSU
HGCHP ESSE LIVRO FOI COMPOSTO EM THAT EITA SCRIPT SXERI
       E IMPRESSO PELA RR DONNELLEY PARA A EDITORA
ZASXU PLANETA DO BRASIL EM JANEIRO DE 2018 HPON
IADOIUPTIONEMESSERAIVAPI